Segundos, minutos y horas

Seconds, Minutes, and Hours

Holly Karapetkova

Vero Beach, Florida 32964

www.rourkepublishing.com

PHOTO CREDITS: © gbrundin: Title Page, 12; © Nikada: 3; © Larisa Lofitskaya: 5; © Kim Gunkel: 6, 22; © Donna Coleman: 7; © Reuban Shulz: 9; © Luis Carlos Torres: 9; © andy lim: 10, 22, 23; © kate sept2004: 11; © Jose Manuel Gelpi Diaz: 13; © bonnie jacobs: 14, 23; © Aldo Murillo: 15; ©John Clines: page 17; © Ozgur Donmaz: 18; © Rob Belknap: 19, 23; © Zoran Mircetic: 20; © Daniel R. Burch: 20; © VisualField: 21; © agencyby: 21; © ronen: 21; © Jim Jurica: 21

Editor: Meg Greve

Cover design by Nicola Stratford, bdpublishing.com

Interior Design by Heather Botto

Bilingual editorial services by Cambridge BrickHouse, Inc.   www.cambridgebh.com

Library of Congress Cataloging-in-Publication Data

Karapetkova, Holly.
  Seconds, minutes, and hours / Holly Karapetkova.
    p. cm. -- (Concepts)
  ISBN 978-1-60694-379-3 (hard cover)
  ISBN 978-1-60694-511-7 (soft cover)
  ISBN 978-1-60694-569-8 (bilingual)
  1. Time--Juvenile literature. I. Title.
  QB209.5.K375 2010
  529'.7--dc22
                          2009015991

Printed in the USA

CG/CG

www.rourkepublishing.com - rourke@rourkepublishing.com
Post Office Box 643328 Vero Beach, Florida 32964

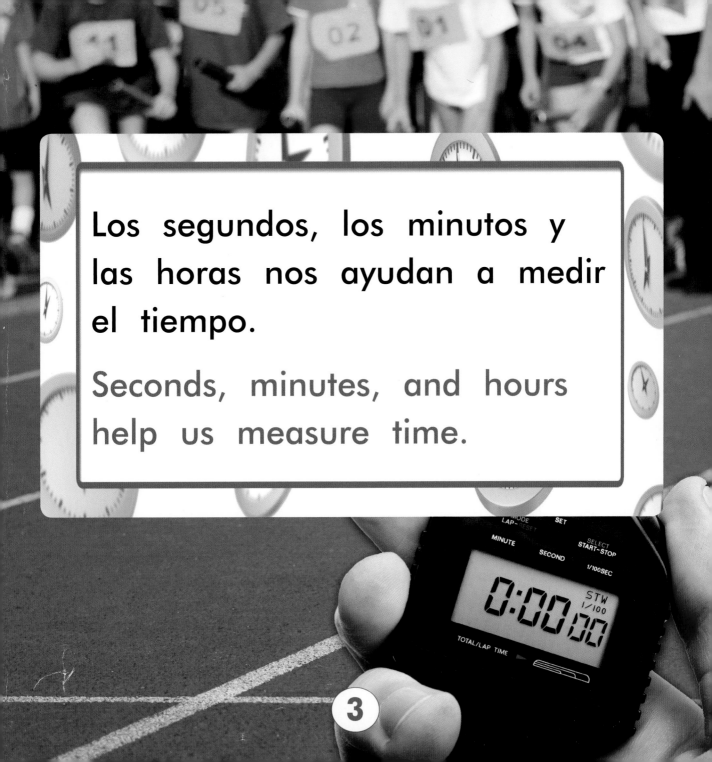

Los segundos, los minutos y las horas nos ayudan a medir el tiempo.

Seconds, minutes, and hours help us measure time.

3

Un segundo es muy corto.
¿Qué puedes hacer en un segundo?

A second is very short.
What can you do in a second?

Puedo guiñar el ojo.

I can wink.

Puedo tronar los dedos.

I can snap.

Un minuto es más largo que un segundo. ¿Qué puedes hacer en un minuto?

A minute is longer than a second. What can you do in a minute?

> 60 segundos = 1 minuto
> 60 seconds = 1 minute

Puedo escribir mi nombre.

I can write my name.

Puedo contar hasta 50.

I can count to 50.

Una hora es más larga que un minuto. ¿Qué puedes hacer en una hora?

An hour is longer than a minute. What can you do in an hour?

60 minutos = 1 hora
60 minutes = 1 hour

Puedo jugar en un partido de fútbol.

I can play in a soccer game.

Puedo ir a la biblioteca.

I can go to the library.

Un día es más largo que una hora.
¿Qué puedes hacer en un día?

A day is longer than an hour.
What can you do in a day?

> **24 horas = 1 día**
> 24 hours = 1 day

MES _____   AÑO _____

DOMINGO	LUNES	MARTES	MIÉRCOLES	JUEVES	VIERNES	SÁBADO

Puedo visitar a mi abuelita.

I can visit my grandma.

Puedo ir a la escuela.

I can go to school.

¿Qué usamos para medir el tiempo?

What do we use to measure time?

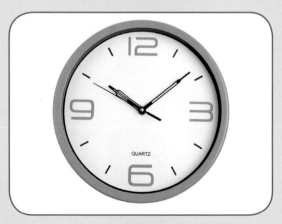

reloj
clock

reloj de cocina
kitchen timer

cronómetro
stopwatch

reloj de arena
hourglass

reloj
watch

reloj digital
digital clock

Conversión de unidades de tiempo

Converting Time

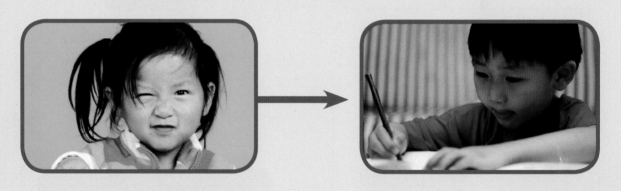

60 segundos = 1 minuto

60 seconds = 1 minute

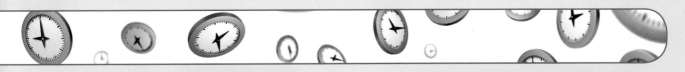

60 minutos = 1 hora
60 minutes = 1 hour

24 horas = 1 día
24 hours = 1 day

Índice / Index

Visita estas páginas en Internet / Websites to Visit

www.ictgames.com/hickory4.html

www.bbc.co.uk/schools/digger/5_7entry/4.shtml

www.time-for-time.com/swf/myclox.swf

www.netrover.com/~kingskid/timeindex1.htm

gokidding.com/time.htm

Sobre la autora / About the Author

A Holly Karapetkova, Ph.D., le encanta escribir libros y poemas para niños y adultos. Ella da clases en la Universidad de Marymount y vive en la zona de Washington, D.C., con su hijo K.J. y sus dos perros, Muffy y Attila.

Holly Karapetkova, Ph.D., loves writing books and poems for kids and adults. She teaches at Marymount University and lives in the Washington, D.C., area with her son K.J. and her two dogs, Muffy and Attila.